Schattenseiten

Vorwort

Dieses sich in Ihren Händen befindliche Werk entstand fernab einer Erwägung es jemals zu veröffentlichen. Die Zeilen, die sich Ihnen auf den weiteren Seiten offenbaren, waren nie dazu bestimmt, gelesen zu werden. Es sind Gedanken, die sich in schlechten Zeiten in meinem Gehirn formierten und etwas "Gedichtartiges" entstehen ließen. Ich legte keinen Wert auf Dinge wie Versmaß oder Verständlichkeit der Aussagen. Ich weiß ja, worum oder auch um wen es ging. Meistens. Und mit einem Versmaß habe ich mich bis heute nicht beschäftigt.

Ich hoffe, Sie haben sich nicht auf ein lyrisches Meisterwerk ohne Gleichen gefreut, denn das ist dies hier sicher nicht. Es ist ganz einfach der Ausdruck meiner Art die Schattenseiten zu überleben.

An alle, die ja so gern in dieser Danksagung auftauchen wollten um mal in einem Buch zu stehen:
Leckt mich, ihr habt nicht zur Entstehung beigetragen, von den Enttäuschungen mal abgesehen.
Nun folgt noch die Aufklärung, warum Sie, wenn doch nichts hiervon zum Lesen bestimmt war, es dennoch alles in Ihren Händen halten. Weil's mir egal ist. Es war unter Verschluss, weil mein Selbstwertgefühl soweit geschwächt war, dass es undenkbar war dieses "Zeugnis der Schwäche" zu zeigen. Doch mittlerweile können auch Sie, verzeihen Sie die Wortwahl, die Wand anschreien, wenn Ihnen die Art oder gar das Geschriebene selbst nicht zusagt. Es ist mir einfach egal. Jedes Wort, jedes Zeichen und ja sogar jeder Fehler in Rechtschreibung, Grammatik oder dem so geliebten Versmaß muss so sein. Denn nur so, wie es sich durch meine Hände zu Papier goss, kann es gut sein. Nur so ist es ehrlich, nur so ist es meins.

Und nun viel Spaß beim "Sich-durch-die-Seiten-quälen-um-zu-behaupten-man-hätte-dieses-Buch-gelesen".

Alexander Heyner

Schattenseiten

Bibliografische Information der Deutschen Nationalbibliothek:
Die Deutsche Nationalbibliothek verzeichnet diese Publikation
in der Deutschen Nationalbibliografie; detaillierte
bibliografische Daten sind im Internet über http://dnb.dnb.de
abrufbar.

Illustration: **Tanja Rönsch**
Covergestaltung: **Hendrik Rudolf**

Herstellung und Verlag: BoD – Books on Demand,
Norderstedt

ISBN: 978-3-7322-3503-2

Kapitel 2

Dead Boy's Poems

Blut muss fließen

Ich spüre es, wie ein Messer in meinem Herzen.
Langsam fließt das warme Blut aus der Todeswunde. Es
läuft meinen Bauch herunter. Tropft auf den kalten Boden
und bildet eine immer größer werdende Pfütze. Mir wird
schwarz vor Augen, es wird so kalt… Die einzige Wärme,
die ich noch spüre kommt von dem Blut auf meinem
Bauch, welches an meinem Bein entlang zu Boden fließt.
Ich weiß genau, es ist nicht gut, doch…
Blut muss fließen… vielleicht reinigt dies meine
Seele, wer weiß…

Ach ja…

Es blutet mein Herz,
langsam fließt das warme Gut
heraus, ohne Schmerz,
wächst heran zu einer Flut.
Es wird schwarz um mich,
fang an zu frier'n,
denn ich hab Angst dich
mein Schatz zu verlier'n.
Denn dann bin ich einsam
Und verlor'n.
Will nur noch allein sein,
hab's dem Tod geschwor'n
Drum sieh mich an
Und sage „Ja",
es freut mich dann,
mein Traum wird wahr.
Eins will ich dir noch sagen,
es ist mir wichtig.
Es ist der Grund für meine Fragen:
Mein Schatz, ich liebe dich

Schatten im Verstand

Es ist wie ein Schatten in meinem Verstand.
So dunkel und undurchsichtig.
Werd von ihm gedrängt bis zum äußersten Rand,
ist so unersättlich und hungrig.
Weiß nicht, was ich tun soll,
an welcher Front soll ich kämpfen?
Ach, wie gern wär' ich jetzt voll.
Kämpfe weiter nüchtern, gequält von Krämpfen
Gequält von Krämpfen in meinem Herzen,
wie die Todeswunde so zart, doch bitter…
Behaftet von Schmerzen
Spür ich: Mein Herz zerspringt in Splitter…
Es ist gebrochen, hat den Krieg verlor'n,
von drei Fronten attackiert,
die Gefühle verworr'n…
Mein Glück wurd' skalpiert…
Was soll ich tun,
was erwartet mich?
Wann werd ich ewig ruh'n?
Will nicht länger warten auf dich.
Nur, wen will ich von den Dreien?
Muss ich mich entscheiden?
Ich werde Blut und Wasser weinen,
in diesem Krieg werd ich nur weiter leiden.
Denk nicht, das wär'n Scherz,
und was ist das für'n Stuss?
Es ist mein voller Ernst
Und ich mach jetzt Schluss.
Die drei Fronten: Die Liebe, der Hass, der Tod

Nicht mehr

Du hast mein Herz gebrochen,
es danach noch böse zerstückelt.
Ich komm nicht wieder angekrochen!
Die Gefühl sind zerrüttelt,
weiß nicht, was ich fühlen soll.
Ich fühl einfach nichts mehr,
außer ich bin voll.
Ansonsten ist mein Herz nun leer…
Ich will nichts mehr von dir,
es dauert mir zu lang.
Weh tat es mir
Immer zu fragen: WANN?
Die Antwort ist nun gewiss.
Sie lautet: Nie.
Auch wenn ich dich manchmal noch vermiss,
mein Herz lässt sich nicht mehr treten wie Vieh!
Ich hab es satt zu warten,
hab ihn satt den Schmerz!
Fühlte sich immer an wie Granaten,
wie Granaten im Herz!
Ich fang an dich zu vermissen,
denn ich bin wieder voll.
Aber du solltest dich verpissen,
denn ich find dich so toll.
Dein Anblick schmerzt sehr,
da ich nicht mit dir zusammen sein kann.
Ich will dich nicht mehr,
doch dich weiter zu lieben ist ein Zwang…
Kann mich kaum wehren,
will die Liebe nicht mehr zulassen.
Du darfst mein Herz nicht wieder stehlen.
Darfst es nicht mal anfassen…

Tränen

Ich weine Blut,
Tränen so feucht und warm,
diesmal aus Liebe, nicht aus Wut,
doch in der Liebe bin ich arm...
Sie laufen meine Wangen herunter,
spüre sie bis zu den Knochen.
Bin lebensmüde, nicht munter,
denn mein verschissenes Herz hast du gebrochen!
Zerstückelt in viele Teile,
dann hast du es vergraben.
Es dauert eine ganze Weile,
erst dann werd ich es wieder haben.
Dann wird wieder wach in mir die Liebe,
doch auch sie wird wieder verrecken,
denn auf mich warten nur Hiebe,
die alle Gefühle in mir wieder verstecken.
Irgendwann ist es zu zerschossen,
lässt sich nie mehr flicken.
Es wurd' zu oft getroffen,
drum kann ich dann nur noch ohne Liebe küssen...
Wenn jemand versucht es doch noch zu heilen,
zu überdecken die schmerzenden Gesichter,
der muss lange Zeit beim Herzen verweilen.
Auch dann ist der Erfolg nicht sicher,
denn nun sind aus Blut meine Tränen.
Die warmen Tropfen sind die Boten,
wenn kein Blut mehr fließt in den Venen,
zu verkünden, ich verweile unter den Toten.
Ich weine Blut,
bis erlischt die Glut
im Feuer vom Mut,
denn entbrennt meine Wut
bis der Skaldar* auf ewig ruht.

*Was zur Hölle ist ein Skaldar? So bezeichne ich
einen Teil tief in mir. Der Teil, der fühlt.

Ein neues Leben…

Gib mir ein neues Leben!
Ich will dieses nicht mehr!
Kann mir keiner die Kugel geben?
Ich wünsch mir die Kugel doch so sehr…
Ich will ein Leben wie viele andre,
mit Freude, Spaß, Liebe und Geld,
nicht so eins wie das, als einzige Schande.
Doch so ein Leben gibt's nicht für mich in dieser
Welt…
Deshalb weine ich Blut,
welches fließen sollte durch meine Venen.
Doch es entbrannten in mir Trauer und Wut,
darum sind's nun Tropfen aus Blut statt kleine
Tränen.
Ich sehne mich nach meinem besten,
meinem besten Freund, dem Tod.
Hänge nicht mehr am Leben oder seinen Resten,
ich will sterben und meine Tränen sind rot!
Ich will ein Leben, was auch eins ist,
will endlich neu anfangen!!
In meinem Lebensmut war mal ein Riss,
nun ist er tot, am Riss vergangen…

Einsames Herz

Ich will nicht mehr in diesen Tagen
So allein sein mit all den Fragen.
Doch wem kann ich alles sagen?
Wer kann die Wahrheit ertragen?
Wer versteht die Sorgen, die am Herzen nagen?
Wer würde mit mir den letzten Sprung wagen?
Ich will nicht weiter leben, so allein.
Beim Gedanken an das Leben könnt ich wein'.
Kann nicht mehr, will nicht mehr sein.
Denke mir: Das nächste Grab ist mein.
Will es sehn, mein Blut, so rein.
Fließt aus dem Herzen, es ist dein.
Faszienier'nt, wie sich meine Gedanken reim'.
Mein Herz ist dein.
Tau es auf oder lass es sein.
Tust du's ist die Liebe mein,
dann wird meine Sonne schein',
denn wenn ich liebe, ist sie rein.
Doch du sagst nein.
Das ist der Grund, warum ich grad wein'.

Euer Blut

Bald kommt der Tag, an dem ich vergeh.
An diesem Tag sind meine Tränen rot.
Auch, wenn ich dich dann nicht wieder seh',
ich folge meinem Freund, dem Tod.
Doch kurz danach entbrennt meine Wut,
dann werd' ich auferstehen.
Überall wird sein euer Blut,
dieses Bild würd' ich jetzt schon gern sehn!

Day of Defeat

Das Blut fließt unaufhörlich gen Boden,
es ist der Tag, an dem ich sterbe.
Ich hab den Tod zu oft verschoben,
doch heute lass ich's gerne….

Hilf mir!

Kannst du es nicht verstehen?
So sehr liebe ich dich!
Mein Herz kann nur noch dich sehen,
doch deines sieht mich nicht…

Ich hab's dir oft genug gestanden,
doch du dachtest es wär'n Scherz.
Du hast mich nie verstanden,
umso größer war mein Schmerz.

Ich halt's nicht aus,
bekomm nicht, was ich so gern will.
Ich will aus der Einsamkeit raus,
will schreien, doch bleibe immer still.

Ich bin am Ende,
so hilf mir doch!
Bring mir die Wende,
es wird immer größer das Loch!

Das Loch, welches die Einsamkeit
In mein Herz fraß.
Wann ist es soweit?
Die Erlösung, bevor die Liebe schwindet und erwacht
der Hass.

HILF MIR!!

Keine Hilfe

Warum half mir niemand
Als ich es so dringend brauchte?
Bevor die Liebe verschwand
Und in meiner Wut verrauchte.

Niemand half mir.
Auch du halfst mir nicht.
So helf' ich auch nicht dir,
sondern spuck dir ins Gesicht!

Es tut jedes Mal weh,
ich kann dich nicht bespucken.
Immer, wenn ich dich seh',
Muss ich Liebe und Hass runterschlucken.

Kann dir meine Gefühle nicht zeigen,
es ist zu schwer.
So werde ich weiter schweigen,
doch brauche ich dich immer mehr…

Ende.-

Ich bin am Abgrund,
alles ist vorbei.
Denk' voller Schmerz an deinen Mund.
Ich wär' gern frei,

doch bin gefangen…
Das Glück war rein.
Es ist vergangen.
Das Verderben bricht über mich herein.

Ich zerstör mich selbst,
nur du kannst mich noch retten.
Du, meine Walküre, möcht nicht wissen, was du
davon hältst…
Bitte hilf mir, bevor es endet wie in Emstetten.

Ein Amoklauf in meinem Körper.
Mein Mörder bin ich.
Bin doch nur ein jämmerlich Verstörter…
Doch seid ehrlich! Es interessiert euch nicht!

So werde ich nun verenden.
Die Tränen sind vom Blute rot…
Ihr könnt es dreh'n und wenden,
doch Tatsache ist: Ich bin bald tot.

22.09.2007 00:56

Es könnt so schön sein,
wäre er nicht da.
Mit ihr so ganz allein,
doch muss ich, dummer Narr

langsam verstehen,
egal, was ich auch mag,
es muss nun vergehen.
Das Gleiche Tag für Tag:

Die Liebe zu ihr.
Ich sehe ihr Herz:
Es ist kein Platz hier.
Was bleibt ist stumm mein Schmerz…

Egal, es geht weiter

Was passiert ist, war fatal,
es war ein böser Schlag.
Doch es ist nun egal.
Die Zeit ist vorbei, in der ich verzag.

Alles verliert seinen Sinn,
es wird so unwichtig.
Wer ich war und wer ich bin:
Gespielt, eure Infos sind nichtig.

Habe mich immer verstellt,
war der, den ihr nicht wolltet.
Habe mich versteckt vor der Welt,
immer nur abgeschottet.

Doch diese Zeit ist nun vorbei,
ich werde weiter leben,
ich bin nun frei!
Werde nichts mehr geben!

Ich kämpfe nun allein,
kämpfe nur noch für mich.
Wollte immer bei dir sein,
denke kaum noch an dich.

Gefühle waren tödlich verworren,
doch ich hab's überstanden.
Hab zwar bei dir verloren,
doch durchbreche nun alle Schranken!

Das Feuer in mir, es brennt wieder!
Kann wieder aufrecht gehen.
Knie nicht mehr vor dir nieder,
unverwundbar, kannst du mich verstehen?

Blut, Schrei, Tod

Blut fließt,
es ist das deine.
Wie es aus der Wunde schießt
Ist die Freude meine.

Es bedeckt den Boden,
klebt an den Wänden.
Du hast mich belogen,
drum werd ich dich schänden.

Du schreist,
flehst um dein Leben.
Ich hoffe, du weißt:
Ich hätt' dir alles gegeben.

Du bist tot,
die Tat vollbracht.
Meine Hände rot,
hast nicht nachgedacht.

Die alles geschah
Auf geistiger Ebene.
Doch was man nicht sah:
Ich bin der Vergebende.

Der Seele so nah…

Du bist fremd und doch so nah.
Komm zu mir, nimm meine Hand.
In mir bist du längst da.
Zieh mich von der Verzweiflungs Rand.

Ich fing an dich zu lieben,
doch bekomm ich keine Chance.
Wenn nur noch wenige Stunden blieben,
doch du hast Angst.

Angst vor den Gefühlen,
oder ist dies nur Phantasie?
Willst dich verhüllen,
denn eine Chance bekomm ich nie.

Doch du bist da, wenn ich dich brauch.
Bist da, wenn meine Seele stirbt.
Du bist als Freundin da, das weiß ich auch,
vertreibst, was mich verdirbt.

Ihr... seid selber schuld!

Die Wolken um den Mond,
So unheilvoll beleuchtet.
Niemand wird verschont,
Wenn das Wasser euch ersäufet!

Es steigt, steigt immer weiter,
Ihr versuchet nicht zu sinken.
Ich ganz allein nicht scheiter',
Werd euch belustigt winken!

Sitze hier in Sicherheit,
Ihr kommt niemals raus.
Bin nicht allein, sind hier zu zweit,
Und lachen euch böse aus!

Euer Riesenberg aus Geld,
Euch zum Verhängnis wird.
Wenn eure Arche daran zerschellt,
Ihr das Wasser in der Lunge spürt!

So merke dir eins:
Achte auf andere Werte!
Ja, denn wer weiß,
Vielleicht dein Ende ich erzählte...

Alles wird gut

Selbstmordgedanken
Im tiefschwarzen Licht,
die sich um das Blute ranken;
mir in mein Herze sticht.

Ich steh mal wieder neben mir,
es ist kurz vor neun.
Wär' so gern jetzt bei dir,
würd' es nicht bereu'n.

Ich sagt, ich würd' dich lieben,
das war nicht gelogen.
Bei Suff und wilden Spielen
Ich mich stets selbst betrogen.

Doch bei uns wird's nicht so sein,
weil ich dich sonst verlier.
Durch dich ist mein Herz nun rein,
dafür danke ich dir.

Drum reich mir deine Hand,
alles wird gut.
Schalte aus deinen Verstand
Und höre auf dein Blut.

Des Herzeleins letzter Schrei

Ein Schrei, den niemand hört,
aus dem Herzelein erklingt.
Das Herzelein, das mir gehört
Leise in der Dunkelheit versinkt.

Kann es nicht retten,
versuche es schon so sehr.
Unerbittlich meine Ketten,
sich losreißen ist zu schwer.

Wie es ganz still versinkt,
muss ich hilflos sehen.
Das Herzelein ein Liedchen singt.
Niemand kann dies Leid verstehen

Retter trotz Ketten

Die Ketten stark,
der Geiste schwach.
Allein wird im Sarg
Die Seele wach.

Es werden stärker
Die schweren Ketten.
Bedroht durch Schwerter
Kann keiner die Seele retten.

Der Retter ruft,
sie singt ein Lied.
Als verloren eingestuft,
so der Falsche entschied.

Ich habe in einer schönen Frau
Den Retter endlich gefunden.
Zwar war sie beim Kusse blau,
doch denk ich an sie schon lange Stunden.

Falls mal kommt der Tag und sie liebt mich,
so kann ich einen Sieg erringen.
Dann ein Liedchen leis' und lieblich
Wird aus dem Herzelein erklingen.

Danke für… NICHTS!

Du sagtest, du würdest mich nie belügen,
wärst immer für mich da,
wolltest mich doch nie betrügen…
Doch was davon ist WAHR?

Hinter meinem Rücken
Sich das Maul zerreißen…
Das soll mich entzücken?
Darauf kann ich scheißen!

Ich brauch dich nicht,
schon lang nicht mehr.
Ich brauchte dich
Schon einmal sehr…

Doch das war dir völlig gleich,
solang ich dir verfallen war.
Wurdest plötzlich völlig bleich
Als ich dein Blute fließen sah.

Ermordet hab ich dich,
das mit viel Phantasie.
In der Realität doch nicht,
denn hier herrscht noch Harmonie.

Des Teufels Lüge

Niemand weiß, wie es mir geht.
Niemand weiß, was mich berührt.
Ich glaube nicht, dass mich wer versteht,
denn täglich wird mein Geist entführt.

Fort getragen vom eisigen Wind
Versuch ich ihn noch zu finden.
Der Geist ist in mir das Kind,
welches ständig versucht sich zu entbinden.

Was übrig bleibt ist nur mein Schatten,
ist dunkel und will nie vergehen.
So ist nun blutrot und schwarz mein Wappen,
nur das können all die andren sehen.

Der Teufel sprach zu mir,
sagte ganz still und leis':
„Ich bin immer hier bei dir"
und, dass er meine Lösung weiß.

Doch der Teufel log mich an,
weil er über mich gar nichts weiß.
Sinnlose Worte, ganz ohne Belang
Sagte er zwischen all dem Scheiß.

Zugriff

Der Tag begann erst ganz normal
Bis ich merkte, wie die Blicke starrten.
In der Zeit der Form und Zahl
Wusste ich, dass sie draußen warten.

Belangloses reichte schon aus.
Nur ein falsches Wort,
schon holten sie uns raus
und brachten uns fort.

Es reicht ein blöder Verrat
Um uns zu durchsuchen.
Waren völlig vernarrt
Einen Erfolg zu verbuchen.

Sinnlose Worte
Und ein Ohr zu viel;
Schon gehör' ich zur bösen Sorte
Und gelte als höchst labil.

Mehr möchte ich noch nicht sagen,
hoffe, ihr könnt mich verstehen.
Wann ich bereit bin für Fragen,
das werden wir noch sehen.

Sinnloses Wort

Ein sinnloses Wort.
Doof, aber es reichte
Um an einem bösen Ort
Mir zu entlocken eine Beichte.

Doch, was soll ich beichten?
Ich hab doch nichts getan!
Doch wenn schon Worte reichen,
hab ich wohl meine Chance vertan.

Fingerabdrücke entnommen
Vom Gerät mit Fehler.
Die Abdrücke nur verschwommen,
wie die Ironie vom Erzähler.

Ein Amoklauf wird mir zur Last gelegt,
ein Lauf, den ich aus Prinzip nicht kann.
Doch wird einmal der Verdacht gehegt,
verliert das Prinzip schnell an Belang.

Sie nahmen schnell mir meinen Rechner
Und mein Handy obendrein.
Ich bin ja wohl der böse Schlächter;
Die Klinge dringt durch Mark und Bein.

Dann erzähl'n sie noch ihre Lügen,
ich gelte schnell als idealer Täter.
Doch wen wollt ihr hier betrügen?
Packt euch doch den scheiß Verräter!

Nur kurzes Schweigen

Manchmal hört man
Fast ohne Klang
Des Herzens Hilfeschrein:
Wann wird jemand bei ihm sein.

Wann ist es endlich soweit?
Das Mädchen kommt ohne Kleid.
Das Herzelein wird kurz erfüllt,
das Mädchen sich wieder verhüllt.

Das Schrei'n wird nur kurz gestillt,
denn das Mädchen war gewillt.
Das Herzelein nicht lange schweigt,
weil die Leere länger bleibt.

Das Herzelein ist vereist,
die Gefühle werden schnell verspeist.
Wann wird das Herze aufgetaut?
Es immer nach Erlösung schaut.

Doch, es hat's noch nicht gefunden,
die Leere wird es weiter verwunden.
Deshalb wird es weiter suchen
Um den Erfolg endlich zu verbuchen.

Herzblut

Ich gehe in mich hinein,
sehe tiefschwarze Wände.
Im flackernden Kerzenschein
Sehe ich meine blutigen Hände.

Verwirrt frag ich mich:
Wo kommt das Blut nur her?
Ich dachte sehr oft an dich,
doch will ich das nicht mehr.

Das Blut aus meinem Herzen strömt.
Du schlugst hinein die große Wunde.
Hast das Herzelein verhöhnt.
Führe nun das Blut zum Munde.

Das reine Blut, es mundet sehr,
doch eines kann ich nun vermuten.
Die Einsicht kommt nun folgenschwer,
dass ich langsam werd verbluten.

Was ich damit sagen will,
das weiß ich noch nicht,
denn es ist leis' und still
nur des Herzens dunkle Sicht.

Angeklagtes Herz

Ich bitte dich mein Herz.
Achte jetzt mal nicht auf Schmerz.
Antworte auf meine Frage:
Wann ist das Ende deiner Tage?

Wann wirst du endlich vergehn?
Ich kann dich nicht länger sehn.
Fügst mir immer zu diesen Schmerz,
stirb endlich, stirb mein Herz!

Lass mich endlich in Frieden,
will nicht mehr vergeblich lieben.
Was ich will ist endlich Friede,
nicht diese schmerzhafte Liebe!

Ich hoffe, dass mein Herz
Mit so grausamem Schmerz
Endlich mir weg stirbt
Bis es wieder auferstehen wird.

Ich habe langsam genug von dir,
denn auf die Nerven gehst du mir!
Ich will, dass du endlich mal verreckst
Oder dich wenigstens lautlos versteckst.

Schreien

Ich will schrei'n,
vielleicht macht das die Seele rein.
Warum bin ich dann so dumm,
warum bleib ich dann noch stumm?

Die Seele schreit durch meine Schrift,
da sie schon im Dreieck hüpft.
Nur wenige sehn's in mei'm Gesicht,
der Rest, der versteht mich nicht.

Ich denke manchmal, mir bleibt keine Zeit,
das Ersehnte ist noch viel zu weit.
Es gibt noch so viel zu tun,
doch ich muss mich auch mal ausruh'n.

Es fällt mir schwer wieder weiter zu machen,
aus dem schönen Traum wieder aufzuwachen.
So schwer, den Kampfe wieder aufzunehmen,
bin ich blind oder kann ich sehen?

Ein lauter Schrei um mich selbst zu finden,
vielleicht hilft er mir den Traum zu überwinden.
Doch, ich kann nicht schrei'n, auch, wenn ich's will.
Versuch es zwar, doch bleibe still.

Mein Schatten

Ihr glaubt, ihr wüsstet wer ich bin,
doch seht ihr nur meinen Schatten.
Eure Ansicht hat nur wenig Sinn
Deshalb geht doch einfach kacken!

Das Leben war nicht gut zu mir,
so ist es nun einmal.
Mein Weg führte mich nach hier,
da hatt' ich keine andre Wahl.

Ein tiefer Fall nach unten,
und mit Mühen wieder rauf.
Ihr seht nicht meine Wunden
Sondern nur mein' Amoklauf.

Sie halten mich dazu für fähig,
doch sie liegen falsch.
Ich finde es zwar ziemlich schäbig,
doch das hängt mir jetzt am Hals.

Das geht mir ziemlich auf den Sack,
denn leider ist's mir nicht egal.
Auch, wenn ich da als* drauf kack',
es wird nie wieder normal.

* Das hessische "ständig"

Auferstanden

Was ihr denkt ist nicht richtig,
worüber ihr nachdenkt so unwichtig.
Was ihr von mir denkt ist nur das Böse,
doch seht ihr keinerlei Größe.

Ich war am Boden, war ganz unten,
doch gingen vorbei die schlechten Stunden.
Etwas sagte, ich solle wieder aufstehen,
den Grund dafür konnte ich nicht sehen.

Das Unheil hatte mich beinah' geschafft,
doch stand ich auf mit neuer Kraft.
Jedoch seht ihr mich noch immer liegen,
mein Auferstehen wird verschwiegen.

Was wollt ihr damit bezwecken?
Könnt damit nur mein' Kampfgeist wecken.
Bewusst seht ihr mich mit falschen Augen,
doch werd' ich euch noch den Atem rauben.

Mein Leben wird noch schwierig sein.
Doch die Schwierigkeit ist nur zum Schein.
Dass der Schein doch meistens trügt,
denk' ich mir ganz still vergnügt.

Aufgeben? Nein, ich denke nicht!

Ein Grummeln im Bauch,
ein tödlicher Hauch.
Schon geh' ich ins Licht hinein,
doch das konnt' nicht sein.

Es ist so einfach zu sterben,
zu rufen mein Verderben.
Doch, ich bin anders als der Rest
Drum halt ich noch am Leben fest.

Es fällt mir zwar sehr schwer,
doch darum kämpf' ich umso mehr.
Ich will euch meinen Tod nicht schenken,
lieber noch mal alles überdenken.

Aufgeben ist zu leicht,
auch, wenn's langsam reicht.
Weiter geht's doch immer
Und wenn nicht, zeig ich den Mittelfinger!

Der Himmel kann warten,
wie lang, kann ich nur raten.
Doch ich will noch lange leben,
hab doch noch so viel zu geben.

Ihr, du und ich

Ein neues Werk von Bosheit durch ihre Lügen bricht.
Hell wie die Sonne, ja, es scheint dir ins Gesicht.
Ich bin wieder da und so sollte es auch sein.
Eiskalt, wie der Mond, hell, wie der Sonnenschein.

Ja, hier ist der Alex, erkennt ihr mich denn nicht?
Ihr wolltet mir schaden, doch ich lach euch ins
Gesicht!
Eure Lügen haben doch wirklich nichts geschafft
Außer, dass ich wieder aufstand, das mit noch mehr
Kraft.

Endlich auferstanden von den Toten.
Ich versteh' euch, es zähl'n nur Erfolgsquoten.
Ist das denn alles, was ihr erreichen wollt?
Wozu braucht ihr das beste Grab, ein Sarg aus Gold?

Wieso wehrt ihr euch gegen ein erfülltes Leben?
Von andren nehmen und auch andren geben.
Ist so etwas nicht wünschenswert?
Doch du zerstörst weiter mit blut'gem Schwert…

Hör auf, sei zufrieden mit dem, was man dir gibt,
wenn du zufrieden und ehrlich bist, wirst du endlich
geliebt.
Doch du machst weiter, lügst ohne nachzudenken,
wer soll dir dann noch Glauben schenken?

Es weihnachtet sehr

Überall sieht man's, es weihnachtet sehr,
doch sind die Herzen der Menschen leer.
Muss mit anseh'n, wie alle den Schein vorlügen
Und, wie sie sich dabei nur selbst betrügen.

Wie alle ihr Geld rausschmeißen,
wie anders sie in Kostümen heißen,
wie sie allen nur Müll schenken
ohne drüber nachzudenken.

Oh ja, ich seh's, es weihnachtet sehr,
doch hass' ich's immer mehr,
denn alle tun nur so
als wären sie vergnügt und froh.

Das alles ist nur zum Schein.
Du sagst das kann nicht sein?
Doch du weißt, ich habe Recht,
deine Fassade wird geschwächt.

Du brichst in Tränen aus,
rennst verzweifelt raus.
Doch du erkennst nun ihren Schein,
darauf kannst du doch stolz sein.

Fernweh...

Es schmerzen mir die Ohren,
die Seele hört nicht auf zu schrein.
Schreie, unverständlich und verworren,
sie hören kann nur ich allein.

Sie schreit nach Erlösung.
Wann ist es soweit?
Nach Vergebung,
nicht nach innerem Streit.

Sie schreit zu laut, es muss langsam raus,
doch kein Wort aus der Kehle dringt.
Ich muss aus diesem Leben hinaus
Damit sie endlich wieder singt.

Was ist das für ein Leben hier?
Die Vergangenheit holt mich ein.
Sie greift und sticht nach mir,
unterdrückt das erlösende Schrein.

Die Seele schreit,
versucht die Vergangenheit zu überstehen.
Erst dann bin ich bereit
Endgültig zu gehen.

Wohin ich gehen will?
Einfach weit weg von hier.
Dort ist es ruhig und still.
Egal, ob ich hier alles verlier'.

Das „Hier und Jetzt" ist mir egal,
denn irgendwann geht's weit weg nach oben.
Die Vergangenheit ist hier eine Qual:
Es wird drüber gelästert und was dazu gelogen.

Sie logen mich an,
sagten, ich könnt' ihnen vertrau'n,
dass ich alles sagen kann,
doch woll'n sie nur mein Leben versau'n.

Wenn ich nicht da bin
Machen sie mich nieder.
Nach dem Weggehen steht mir der Sinn,
dann seh' ich sie nie wieder.

Sonnengipfel

Halte durch, gib nicht auf!
Du musst zwar einen Berg hinauf,
doch das Licht, du kannst es schon sehen,
deshalb musst du weiter gehen.

Am Gipfel sieht man schon Sonnenstrahlen,
verkünden das Ende aller Qualen.
Du möchtest ein schönres Leben,
also, lauf der Sonne entgegen.

Denn sie spendet Kraft und Glückseeligkeit
Ist der Weg auch noch so weit.
Renn los, denn für Qual und Streit
Bleibt dir heute keine Zeit.

Lauf jetzt weiter, bleib nicht steh'n,
sonst wird deine Sonne untergeh'n.
Beeil dich und besteig den Berg
Denn so wird der Riese zum kleinen Zwerg.

Dieses Werk ist wie folgt gemeint:
Auch wenn dir die Klippe zu hoch erscheint,
kannst du dennoch alles machen
und am Gipfel mit der Sonne lachen.

Nebel

Der Nebel ist schön und weich
Wenn er um die Häuser schleicht.
So verschwommen, wie in einem Traum
Oder, wie der Badeschaum*.

Durch ihn hindurch kann man nur schwer blicken.
Gut fürs junge Paar zum verstecken.
Der Vater wird Suchtrupps schicken,
Blut wird's regnen, wenn sie sie entdecken.

Denn die Tochter steht noch unter seinem Schutz,
er lässt nicht zu, dass man sie beschmutzt.
Der Suchtrupp kommt, es hilft nur die Flucht.
Sie finden eine Höhle nah' der Bucht.

Während sich die beiden innig lieben
Schreit der Vater: ,Ihr müsst sie kriegen!
Den Kopf des Jungen auf dem Silbertablett,
erst dann ist der Suchvorgang komplett!'

Der Jüngling und seine Liebe
Erliegen noch immer ihrer Triebe,
doch sie sind so gut versteckt,
dass man sie niemals entdeckt.

*Ich weiß.. Das ist ein scheiß Reim..

Ein schlechter Tag

Ein schlechter Tag,
ein bescheidenes Jahr.
Deshalb beklag
Ich mich erst mal.

Angefangen mit der Verhaftung
Und der Psychiatrie.
Nur wegen der Verachtung
Der Ironie.

Doch das Schicksal denkt,
ich hab noch nicht genug.
So wurde ich gelenkt
In ein Meer aus Blut.

Ich verfiel den Depressionen,
doch das ist ja kein Grund
mich zu schonen…
So werd ich niemals gesund.

Auch heute lief alles schief.
Es kommen dunkle Gedanken.
Ich versinke tief
Im Stimmungsschwanken.

Stimmungsschwankungen

Was ist nur los mit mir?
Was hab ich denn bloß?
Warum wird denn hier
Kleines so groß?

Es passiert ganz unkontrolliert,
meine Stimmung schlägt schnell um.
Ich weiß nicht, was mit mir passiert.
Vielleicht ist es Anspannung.

Denen, die mir am nächsten sind
Tue ich am liebsten weh.
Ich bin grad so gestimmt,
dass ich am besten geh.

Doch Flucht ist kein Ausweg,
verstecken geht auch nicht,
denn wer weiß, wie's ausgeht
steh ich vorm jüngsten Gericht.

Die Stimmung ist am schwanken,
hab den Wahnsinn vor der Tür.
Für die Geduld will ich euch danken,
denn ich kann doch nichts dafür.

Mondlicht

Es herrscht Dunkelheit abseits vom Nest,
doch ist es das Mondlicht, das mich sehen lässt.
Es scheint ganz still und leicht,
ich weiß, dass es niemals von meiner Seite weicht.

Es ist schön, wie es das Dunkle erhellt
Und sich nicht vor ihm verstellt.
Wie es der Dunkelheit Einhalt gebietet
Und nicht ihre Freundschaft mietet.

Wenn die Sonne schlafen geht
Und sich der Tag zur Nacht bewegt
Will die Dunkelheit die Macht erringen,
doch wird der Mond den Gegenzug beginnen.

Auch, wenn das Dunkle überwiegt,
kann der, der den Mondstrahl sieht,
trotzdem seinen Weg noch sehen
und ihn sicher zum Ziel begehen.

Deshalb liebe ich die Nacht,
denn das Mondlicht hat die Macht
das Dunkel in die Knie zu zwingen
bis der Hahnenschrei wird laut erklingen.

Auch, wenn die Sonne schlafend liegt
Und das Dunkle überwiegt
Weiß ich, wer am Ende siegt.

Es ist der Mond in seiner Pracht;
Stellt zur Schau nun seine Macht,
bis am Morgen die Sonne lacht.

Aus dem Nebel

Der Suchtrupp drang durch den Nebel vor,
folgten nicht den Augen, nur dem Ohr.
Das junge Paar haben sie gefunden,
konnten den Jüngling schwer verwunden.

Doch konnte er vor ihnen flieh'n,
während sie die Liebste nach Hause zieh'n.
Sie schreit, verlangt sie loszulassen,
doch kommt sie nicht an gegen diese Massen.

Getrennt voneinander leben beide,
doch frieren ihre Eingeweide.
Sie wird größer, beider Sehnsucht,
sind in Gedanken noch bei der Bucht.

Alle geben auf sie Acht,
wird rund um die Uhr überwacht.
Doch wird sie den Widerstand überwinden
Und zu ihrem Liebsten finden.

Er kehrte zur Bucht zurück
Und denkt an sie entzückt.
Wenn sie endlich wieder zu ihm stößt,
weiß er, dass sie sich nur für ihn entblößt.

Keine Lust mehr

Komme Tod, schenke ein
Etwas von des Sterbens Wein.
Ich leer' den Kelch in einem Zug,
denn ich hab von all dem hier genug.

Ich folg dir dann auf allen Wegen
Bis ich erlang den letzten Segen.
Wege der Qual werden es sein,
dennoch trinke ich den Wein.

Fühl mich benommen, fang an zu schwanken,
ich geb' mich hin, den Gedanken.
Von der Beisetzung träume ich,
mit Freuden blicken sie auf mich.

Auf Erden ist die Stimmung gut,
sie erfreuen sich an meinem Blut.
Ich werde nun von Erde bedeckt,
hab mein Blut von der Klinge geleckt.

Der blutige Wein, er mundet sehr,
doch wird mein Körper langsam schwer.
Doch ich will noch einmal am Weine nippen,
will mehr Schmerzen unter meinen Rippen.

Ich bitte dich, hab Gnade mit mir,
erlös mich von dem Leben hier.
Schenk mir noch ‚n' Schluck des toten Weins.
Doch, was ich bekam, war nur der Kelch des Seins.

Kleinigkeiten

Alles, was zählt, sind Kleinigkeiten,
die uns bedrücken, die uns erheitern.
Wer große Wunder will, soll ewig warten,
denn wirklich großes wird im Kleinen starten.

Jesus ist als Kind geboren,
nicht erwachsen mir Dornenkronen.
Er wurde älter und vollbrachte Großes,
die Taten des Menschensohnes.

Auch unsere große Welt
Wurde nicht fertig hingestellt.
Alles beginnt mit kleinen Sachen,
die kann jeder selber machen.

So kann man Teil des Großen werden
Und irgendwann die Früchte ernten.
Auf von Beginn an Großes wartet man vergeblich,
denn nur das Kleine ist erheblich.

Erst das Kleine macht die Welt so groß,
denn niemandem fällt alles in den Schoß.
So achte mal auf die Kleinigkeiten,
die dir wahre Freude bereiten.

Verdrängung

Probleme werden schnell verdrängt,
werden tief im Abgrund meiner Seele versenkt.
Ich lass nicht zu, dass sie wieder kommen,
der Kampf ist schwer, fühl mich benommen.

Ich fühl mich so kraftlos,
selbst dies Werk ist einfach doof,
denn der Scheiß an meinen Kräften zerrt
und mich auf meinem Weg erschwert.

Ich bin glücklich, alles ist gut,
doch hab ich Angst vor der Erinnerungsflut,
die auf mich zukommt und mich umspült,
weil sie sich so hart und kalt anfühlt.

Deshalb wir Negatives sofort verwehrt,
damit meine Seele nichts Schlechtes erfährt.
Sie hat doch schon so viel erfahren,
darum will ich sie vor Schlechtem wahren.

Ob dies richtig ist, weiß ich nicht,
denn die Flut schlägt mir ins Gesicht,
doch soll sie nicht den Widerstand brechen,
den Widerstand des Onkels Neffen.

Angst

Leise sehe ich in diese Welt
Und frage, was mich noch am Leben hält.
Ich ertrug in diesem Leben schon so viel Leid,
doch bedeckte es mit des Vergessens Kleid.

Doch ein Schrei laut aus der Seele erklingt,
das Dunkel, das von meinem Leben singt.
Ich frage mich, woher es von meinem Leben weiß,
von allem Guten und vom verdrängten Scheiß.

Es singt diese Lieder nur für mich,
denn ihr hört diese Schreie nicht.
Ihr wisst nicht, von welchen Liedern ich erzähle,
denn diese existieren nur in meiner Seele.

Die Erinnerungen kommen wieder,
sie hageln und schlagen mich fast nieder.
Es ist grausam, wenn man die Angst kommen spürt
Und sich fürchtet, dass sie ei'm den Hals zuschnürt.

Es ist die Angst vor'm Ende, die an mir nagt,
das Herz, das sich vor Furcht beklagt,
dass man ihm das Wichtigste nimmt
und wünscht, dass die Erinnerung verschwimmt.

Es sind die Ängste, die nach mir greifen
Und mich Richtung Abgrund schleifen,
mich zwingen, sie mir einzugestehen,
damit sie endlich von mir gehen.

Der Anfang vom Ende

Es brodelt etwas tief in mir,
versucht aus der Seele raus zu brechen.
Ein Schrei, so gewaltig niederschmetternd
Gegen den mein Widerstand droht zu verlieren.

Ein Gefühl der Machtlosigkeit
Droht mit Verfall der Kraft,
mit Erlischen meines Feuers.
Es gibt keinen Ausweg mehr.

Die Müdigkeit erschwert meinen Körper,
die Seele weiß nicht weiter.
Jeder Moment kann der letzte sein,
der Tod schleicht um mich herum.

Ich schrei ihn an, so laut ich kann,
doch weicht er nicht von mir.
Seine Hand umschlingt meine Kehle
Und wiegt mich in leichten Schlaf.

Der Morgen graut, ich erwache.
Der Kopf tut weh, bin erschöpfter als am Abend.
Und wieder wird mir so kalt
Und ich spür den Tod an meiner Seite.

Das Ende kommt und geht nicht

Das Feuer ist erloschen – bedauernswert.
Es fällt auf mich nieder, das köpfende Schwert.
Der Tod steht vor mir, schlägt mich nieder,
versucht mich zu töten. Wieder und wieder.

Der Zusammenbruch steht kurz bevor,
der Tod flüstert es mir ins Ohr.
Er sagt, dass mein Ende bald kommen wird,
denn es ist die Zeit, in der meine Seele langsam
stirbt.

Das Sterben ist egal,
alles andere als fatal.
Nichts ist es mehr wert
ist der Weg erst verkehrt.

Was nützt es noch zu leben
Und mehr als alles zu geben,
wenn es nie gewürdigt wird
und die Seele daran verstirbt?

Völlig unzuverlässig bin ich auch noch,
zudem das große Arschloch.
Doch wird der Todd zuverlässig sein,
doch kehre ich niemals ins Himmelreich ein.

Die Sucht nach Schmerz

Wie konnte das nur geschehen?
Ich wollte nie den falschen Weg gehen,
doch konnte ich den richtigen nicht sehen.
So ging ich den Falschen, ohne es zu verstehen.

Ich renn' in jede Scheiße rein,
ist sie groß oder klein.
So darf es doch nicht sein,
darum seh' ich Blut; es ist mein.

Es wurden viel zu viele schon verletzt,
hab sie viel zu oft versetzt.
Jetzt werden sie gegen mich aufgehetzt.
Ich spür, wie sich mein Geist zersetzt.

Ich hab mein Leben schon versaut
Und meine Hölle selbst erbaut.
Sie sagen, es ist besser, wenn man nach vorne
schaut,
doch der Gegenwind niemals abflaut.

Mein letzter Ausweg ist die Flucht
Aus dem Leben und der Sucht
Nach Qual und Schmerz.
Ein kleiner Stich entzweit mein Herz.

Schnitt um Schnitt

Schnitt um Schnitt – dem Tod ein bisschen näher.
Schnitt um Schnitt – stirbt meine Seele.
Schnitt um Schnitt – will ich mein Leben nicht mehr.
Schnitt um Schnitt – das ist der Weg, den ich wähle.

Schnitt um Schnitt – stirbt ein Teil von mir.
Schnitt um Schnitt – schwindet meine Zeit.
Schnitt um Schnitt – entferne ich mich mehr von dir.
Schnitt um Schnitt – der Weg zurück ist viel zu weit.

Schnitt um Schnitt – verliert das Leben seinen Sinn.
Schnitt um Schnitt – kommt ein endzeitlicher Reiter.
Schnitt um Schnitt – weiß ich nicht mehr, wer ich bin.
Schnitt um Schnitt – geh ich meinen Weg weiter.

Schnitt um Schnitt - fließt es heraus.
Schnitt um Schnitt – wird alles egal.
Schnitt um Schnitt – blutet es aus.
Schnitt um Schnitt – verschwindet die Qual.

Schritt um Schritt -
Geh ich weiter meinen Weg.
Schnitt um Schnitt –
Ist's zum Umdrehen zu spät.

Aus dem Schweigen ins Verderben

Ich höre, wie es leise in mir schreit,
die Seele zerreißt des Schweigens Kleid.
Bald hat sie sich endlich befreit,
dann hört man sie kilometerweit.

Sie schreit schon jetzt durch meine Schrift,
Sie schreit durch das Papier und durch den Stift.
Doch ihr, ihr hört ihr Schreien nicht,
Auch nicht, wenn sie euch schreit ins Gesicht.

Ihr hört nur, was euch gefällt,
Sanfte Klänge der heilen Welt,
Wie das, vom klimpernden Geld,
Welches euch wohl im Leben hält.

Schöne Weltsicht habt ihr da,
Es ist immer alles wunderbar.
Fragt euch nicht, was ist wahr,
Hauptsache, man bezahlt euch bar.

Ist die Seele erst einmal stumm
Ohne, dass jemand sie wollt' hören,
Dann ist eure zeit bald um,
Denn die Seele wird zerstören.

Tränenmeer

Ich hatte einen schönen Tag mit ihr,
Verdrängt, was ich vielleicht verlier'.
Ich wollte heute alles für sie riskier'n,
Doch bin dabei, alles zu verlier'n.

Ich sehe vor mir das Meer,
Gefüllt mit blut'gen Tränen.
Was gibt das Leben denn noch her?
Gequält vom tödlichen Sehnen.

Ging ich heute doch schon zu weit?
War sie denn noch nicht bereit?
Ich habe mich wirklich verliebt
Und muss zu seh'n, wie sie meine Chance vergibt.

Ich falle in dieses Meer hinein
Und sinke gen Grund.
Nicht auszudrücken im Reim,
Wie ich ertrinke am Muskelschwund.

Sie will alles noch mal überdenken;
War dabei mein Schiff zu versenken.
Ich glaub, sie liebt mich schon nicht mehr;
Setz mich dem Sinken nicht mehr zur Wehr.

Hassende Liebe

Wer hasst mich so
Und stürzt mich in ein Tränenmeer?
Einen kurzen Moment bin ich froh,
Doch dann wird mein Herz zu schwer.

Warum muss Liebe so grausam sein?
Warum wird mir kein Glück geschenkt?
Ich stehe wieder da allein
Und frag mich, wer mich ins Verderben lenkt.

Ich will den Scheiß hier nicht weiter schreiben,
sondern lieber untergeh'n.
So werd ich nun verbleiben
Und mir verbieten mein Blut zu seh'n.

Wie du auch entscheidest

Egal, wie du auch entscheidest,
Sei gewiss, du bist nie allein.
Ob du dich freust oder leidest,
wenn du willst, wird ich bei dir sein.

Egal, wie du auch entscheidest,
Ich werd dich dennoch lieben.
Auch, wenn du unsre Wege scheidest,
Sind diese Worte nur für dich geschrieben.

Egal, wie du auch entscheidest,
Werde ich zu dir steh'n.
Auch, wenn du mich ab jetzt meidest,
Werd ich bei Bedarf ein Stück des Weges mit dir
geh'n.

Egal, wie du auch entscheidest,
Wünsch ich mir das Beste für dich.
Halt meine Hand noch einmal fest.
Leb dein Leben... Ohne mich.

Egal, wie du auch entscheidest,
Sei dir meiner Liebe gewiss.
Lass uns scheißen auf den Rest,
weil ich dich sonst so sehr vermiss.

Kapitel 3

Weitere Schandtaten

Die Englein singen für dich

Ich lass die Engelein für dich singen
Und bette dich sanft zur Ruh'.
Ich werd dich zu dei'm Schöpfer bringen;
Ja, dein Erlöser kommt auf dich zu.

Welch Untaten hast du vollbracht?
Hast mir unnötig das Leben schwer gemacht.
Verbeug dich, ich will seh'n, wie du flehst,
Angsterfüllten Blickes du an dei'm Grabstein lehnst.

Den Kuss der klinge sollst schmerzend du spüren
Und deine Seele werde ich entführen.
Sie passiert nie die Tore des Himmelreichs,
Nein, sie erlangt Küsse der Flammen, so weich.

Ja, ja, wie ist die Rache doch süß.
Für all deine Taten du nun büßt.
Für all deine Lügen und die Gewalt
Kommen nun die Strafen zu einer geballt.

Du erliegst nun deinen Taten,
Doch sollst ewig du auf Englein warten.
Ich lass zwar die Englein für dich singen,
Doch ins Paradies werden sie dich niemals bringen.

Der kleine Junge

Ein Bild des kleinen Jungen sehe ich.
Ich weiß zwar, dass ich es war,
doch erkenne ich mich nicht,
denn das Bild stellt ihn so glücklich dar.

Er ist auf dem Bild grad mal 3 Jahre alt,
seine Augen leuchten dort so warm.
Nun sucht er Ruhe im Wald,
flieht vorm Leben und den Verfahr'n.

Was ist mit dem kleinen Jungen nur gescheh'n?
Wie konnte er nur so tief sinken?
Noch vor Jahren konnt' man ehrliches Lachen seh'n,
nun sieht er sich im Tränenmeer ertrinken.

Ich frag' mich, was ihn so in Mitleidenschaft zog,
woran sein Lachen plötzlich starb.
Warum er sich ständig selbst betrog,
was war es, was ihn so verdarb?

Ich sehe das Bild, aufgenommen vor 14 Jahr'n,
ein anderer Mensch, als der der dies Werk nun
schreibt.
Ein anderer, als der, der sich fragt, welch Unheil wohl
kam
und sich fragt, was davon auf ewig bleibt.

Geliebter Schmerz

Ich weiß, die Liebe ist ein schmerzendes Spiel,
wenn ich auf ihr'n Geist und Körper schiel.
Doch, was sie mit sich brachte war nur Leid und
Schmerz,
denn meine Liebste trägt mich nicht n ihr'm Herz.

Voller Wehmut blicke ich ihr Lächeln an
und hoff' ihre Liebe erwacht irgendwann.
Ein Schrei aus dem Herzelein erklingt
und fleht, dass sie ihm Geborgenheit bringt.

Seit Jahren sehnt sich das Herze nach ihr,
will sie küssen, gleich jetzt, gleich hier,
doch wagt es nicht die Vollendung dieses Schritts
aus Angst vor dem Tode; Folge des letzten Schnitts

So werd ich verschweigen, dass ich sie noch immer
begehr'.
Das Herzelein verstummt und fühlt sich so leer,
dennoch geb' ich mich zufrieden, mit dem, was sie
mir gibt.
Eines ist mir wichtig: Es ist jemand da, der sie liebt.

Ihr Mund ist es, der mir entführt die Gedanken.
Ich spür' Äste mit Dornen, die sich ums Herze ranken.
Sie stechen so tief, sie tun mir so weh,
doch Odin sei Dank, dass ich auf Schmerzen steh'.

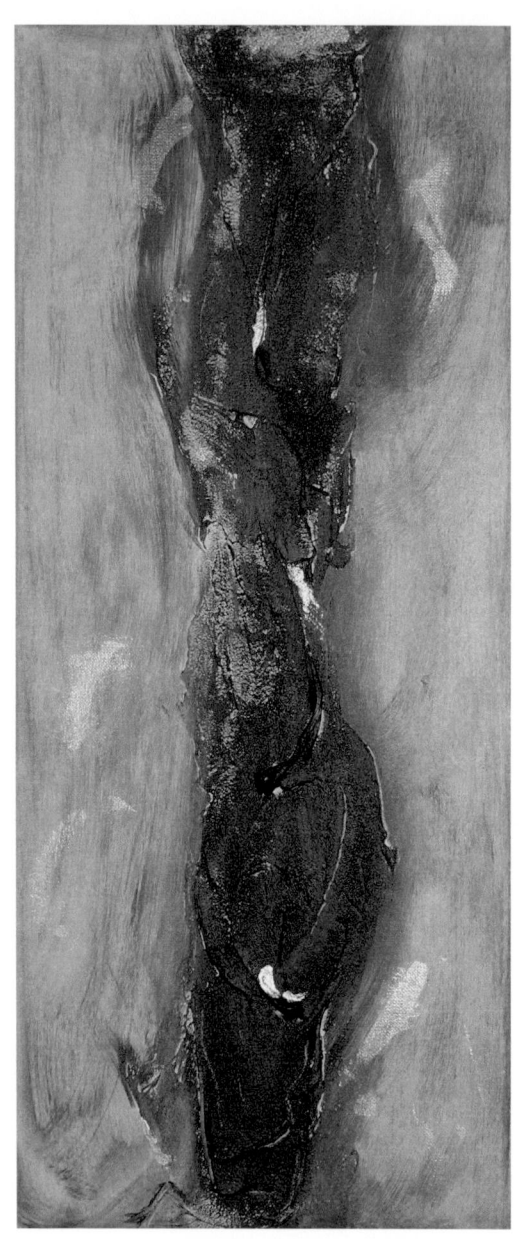

Totenschiff

Weiter, weiter ins Verderben.
Wir leben nur noch um zu sterben.
Wir sollen keinen Spaß mehr haben,
Tag um Tag nur Gräber graben.

Das Leben wird noch schwierig sein,
denn ist das Glück erst einmal rein,
kommen die Depressionen wieder
und singen ihre traurigen Lieder:

'Auf dem Totenschiff beginnt die Reise,
Sklavenlieder erklingen leise.
Freudige, wenn die Sonne scheint;
Traurige, wenn der Himmel weint.

Das Totenschiff versinkt im Meer.
Die Körper der Menschen sind zu schwer.
Keiner kann sein Leben retten;
Fixiert am Schiff mit schweren Ketten.

Des Todes Schiff schwimmt nicht mehr,
liegt am Grund vom Tränenmeer.
Doch der Kapitän wird auferstehen,
denn er will jetzt zu dir gehen.'

Blindes Herz

Die Liebe ist ein wildes Tier,
mit scharfen Krallen steht sie vor mir.
Sie sieht zu mir und greift mich an,
denn die Zeit allein war ihr zu lang.

Wenn ich vor dieser Schönheit steh'
tut es mir im Herzen weh,
dass es mit uns aussichtslos bleibt,
weil das Herzelein es ihr verschweigt.

Aus Angst eine Niederlage zu erleiden
und trotz Hoffnung allein zu bleiben.
Es ist ratlos, was soll es machen?
Tat doch schon so schlimme Sachen.

Es will sich nicht den Weg verbauen,
und das Jetzige zudem versauen.
Es steht vor dir und erbittet Rat
um den es dich schon einmal bat.

So erbarme dich und hilf ihm weiter,
damit ich nicht nochmals scheiter'.
Schon so lang lieb' ich sie,
doch ihr Herz, das sah mich nie...

Gott ist tot

Der Christen Gott verweilt im Himmel:
Bewegungslos und bedeckt mit Schimmel
liegt er dort neben seinem Thron.
Stimmen der Hölle: Freudig und voller Hohn.

Ein Fest wird in der Hölle bereitet
von Satan, der durch den Festsaal schreitet.
Ein Lächeln auf seinen Lippen
bereitet ihm sein Schwert in Gottes Rippen.

"Der Christengott ist endlich tot",
lacht Odin in das Abendrot.
Zum Fest laden auch die Asen ein
mit Fässern voll Met und das beste vom Schwein.

An Asgards Toren begrüßen dich Walküren,
die dich in den Festsaal führen.
Sie schenken dir ein vom teuren Met
und lachen mit dir über DES Christen Gebet.

Er bittet um mehr Zeit auf Erden;
weiß nicht, dass keine Wünsche mehr erhört werden,
denn zum falschen Gott betet er,
denn der Christengott, der lebt nicht mehr.

Auf in die Schlacht!

Komm, hör mal her.
Hörst du wie das Schlachtfeld ruft?
Ich weiß, aufsteh'n ist schwer,
doch tu's für den, den du schufst.

Wie ein Kahn ohne Segel
schweifst du ziellos umher.
Mit immer weiter steigendem Pegel:
Nach DIR ruft er!

Steuere an das Land und folg' dem Ruf,
der dich auf dein Schlachtfeld führt.
Breche endlich deinen Fluch,
der dir den Hals zuschnürt!

Führe diesen Kampf für deinen Sohn,
führe ihn mit all deiner Macht.
Denk' nicht dran, deine Waffen zu schon',
denn sie sind zum Leben erwacht.

Du weißt, der Kampf wird schwierig werden,
doch führ' dein Heer dennoch zum Sieg.
Lasse niemals dein' Kampfesmut sterben,
denn dafür hat dich dein Sohn zu lieb.

Lästermaul

Es gibt da einen Herrn,
einen bestimmten mein' ich,
Falsch Zeugnis spricht er gern,
doch offiziell natürlich nicht.

Er spielt dir den besten Menschen vor,
doch hinter dir zerreißt er sich das Mundwerk.
Sagt, dass er dir Verschwiegenheit schwor,
nur ist sein Lügenstapel schon ein Berg.

Gepriesen sei dieser Verräter,
Falsch-Zeugnis-Prediger und Narr.
Er sei ein heiliger Vertreter,
doch was er sagt, ist höchstens zur Hälfte wahr.

Dennoch, die Zeit heilt alle Wunden,
sie löst bald dieses Problem.
Es dauert zwar Wochen und Stunden,
doch die Zeit vollbringt's, du wirst sehn.

Dann, in einer Kiste aus Holz,
wird verscharrt, was noch übrig bleibt:
Lüge, Betrug und Pseudo-Stolz.
Das Lästermaul dann endlich schweigt.

Der Ketten vier

Vier Ketten hielten mich
Bis die Erkenntnis zu mir schlich.
Ich zerre an der Kette und sie reißt,
die, die blinde Demut heißt.

Ich riss an der zweiten und sie brach,
die, die stets meiner Seele widersprach.
Sie unterdrückte sie und trank sie in Blut;
So gebar sie ein Kind aus Hass und Wut.

Die dritte ist der Lügen Kund,
mit dem Ziel, dass ich niemals werd gesund.
Schnell lag sie zerstört am Boden.
Ihre letzte Lüge: Ich sei auf Drogen.

Ich zog die letzte und sie zerbarst,
die, die du falsch' Walküre warst.
Du verhöhntest das Herzelein.
Zerrissen, zerstört; Welch Pein.

Ja, Der schweren Ketten vier,
diese hielten mich noch hier.
Doch die Erkenntnis gab sich mir hin.
Endlich weiß ich: Ich bin

FREI!

Moment aus welker Nacht

Ich spüre, wie der Wind,
ein einzger Moment, an mir vorüber zieht.
Vor kurzem war ich noch ein Kind;
lang vergangen; die Zeit entflieht.

Im Dunkeln drängt mich eine Macht
für mein Recht zu kämpfen, erbarmungslos.
Fang an zu kämpfen in welker Nacht,
doch die Nacht im Licht zerfloss.

Zwang zu sein;
Furcht zu werden;
Sehnen nach des Todes Wein;
Unlust zu sterben.

Trau're vergang'nen Jahren nach,
so viel verlor'ne Zeit.
Träumend frag ich: Wann werd ich wach?
Wann erwach ich aus der Entschlusslosigkeit?

Eine Traumreise durch tiefste Schatten
reise ich unentwegt.
Sie lässt mich durch mein Blute waten,
welches alle Furcht erneut belebt.

Der Tod

Der Tod allein ist in der Lage
zu hol'n die Seelen; er ist die Wage.
Niemand kann sei'm Willen widersteh'n,
nach und nach wird ein jeder mit ihm geh'n.

Doch ist er alt und kraftlos geworden,
ständig im Zwiespalt zwischen Güte und Morden.
Auch mich wird er einmal auf seine Wege bitten,
wenn ich mit dem Leben bin zerstritten.

Doch werd ich als letzten ihn begleiten,
danach den Weg allein beschreiten.
Als Erlösung werd ich ihm dien'
um zu den Sterbenden zu zieh'n.

Zu Erden schreite ich erneut in welker Nacht,
ganz bleich und in dunkler Tracht.
Der Nachfolger, als Herr über Leben und Tod
schreitet lüsternd gen Morgenrot.

Zu holen die Toten werd ich gesandt;
zahllose Knochen in dunklem Gewand;
Werd ich böse oder gütig sein,
so bleibt es doch allein, das Herze mein.

Der letzte Tanz

Den letzten Tanz zu tanzen bereit,
die Melodie erklingt; es ist soweit.
Es beginnen die ersten Schritte,
der Takt, er lenkt zu tiefe Schnitte.

Die Nacht reicht ihm die eig'ne Hand
zum Tanz im letzten Gewand.
Zum Schutz vor des Tages grellem Blenden
bleibt ihm sein Selbstsein zu beenden.

Den Tanz der Vergänglichkeit
tanzt er weinend in die Zeit.
Die Seele hält er sanft im Arm;
Das Leben ihnen alles nahm.

Dunkler wird der Schein des Lichts,
seine Gedanken verlieren sich im Nichts.
Sein Lebensmut ist längst verloren,
fühlt sich, wie tot geboren.

(Bearbeitetes Ende)
Zu viel Leid hat er erlitten,
ist mit dem Leben gänzlich zerstritten.
Die Melodie verklingt, die sie noch verband,
doch nun hat er sich selbst erkannt.

(Originales Ende)
Es wird still, die Melodie verklingt,
Zeit, dass er's in die eignen Hände nimmt.
Lüsternd küsst ihn des Schwertes Klinge,
bis ich es endlich zu Ende bringe.

Nachdem der Vorhang fiel

So zog er ins Totenreich ein,
seinen Körper bettete man zur Ruh'.
Doch trank er von des Lebens Wein,
denn der Tod sagte ihm nicht zu.

So wandelte er erneut auf Erden,
zu suchen sein teures Lieb.
Doch erblickte er nur Scherben,
alles, was von ihm blieb.

Wen'ge Stunden, wie es ihm schien,
war er in der Toten Reich.
Doch lag sein Lieb vor ihm
schon im Sarg, ganz bleich.

Viele Jahre sind vergangen,
seit man ihn ins Totenreich sandte
Groß wurd' sein Verlangen,
zu finden, die er einmal kannte

So trank er von des Sterbens Wein,
aus Tränen, die er seit dem geweint.
Erneut zog er ins Totenreich ein;
Wurde endlich mit sei'm Lieb vereint.

Ein Augenblick

Ein Augenblick, der sich in mein Herze brannte,
Ein Augenblick, der weder Leid noch Schmerzen
kannte,
Dieser Augenblick, er hält mich gefangen,
voller Sehnsucht einen neuen zu erlangen.

Ein Augenblick hat alles Leid beendet,
kein Gedank' an sie war verschwendet,
jeder kam aus dem Herzen tief,
jeden das Herze laut ausrief.

Etwas hat sie, unbeschreiblich;
Empfindungen durchströmen mich,
wenn ich sie im Geiste sehe,
wollen, dass ich zu ihr gehe.

Durch den Traum treibt es mich;
voller Wehmut denke ich an dich,
Wieder sehn will ich dich nach all den Tagen,
und doch bleiben antwortlose Fragen.

Sag, ist es das Kämpfen lohnend?
Ist es denn lebensschonend?
Oder wird es mich ins Verderben treiben?
Egal, sollen diese Fragen unbeantwortet bleiben.

Ich werde kämpfen, alles riskieren,
in Kauf nehmen, alles zu verlieren,
sie muss es einfach wert sein,
trank dafür des Lebens Wein.

Regen

Ich spüre den Regen auf meiner Haut,
heute hab ich mich getraut.
Ich traute mich über die Liebe zu sprechen,
wusste, es würde mir das Genick brechen.

Dennoch tat ich es; Alles riskieren,
doch musste ich alles verlier'n.
Hoffte, dass die Sonne wieder scheint,
stattdessen nun der Himmel weint.

Der Regen, er ist so kalt und nass,
fällt auf mein Gesicht, so blass.
Doch wonach soll ich nun streben:
Verrecken oder leben?

Tagtraum

Vom Tagtraum erwacht,
so stehe ich vorm Nichts.
Im stillen der Traum über mich lacht,
das ist das Ende des Lichts.

Dunkelheit umringt mich immer mehr,
ich bin allein.
Es ruft nach mir das Tränenmeer,
werde stets nur der Narr sein.

In Träumen gefangen,
werde ich verloren bleiben.
Fern von jeglichen Belangen,
wird's mich in den Wahnsinn treiben.

Sinnlos in den Tag gelebt,
vergab ich Chancen auf Erfolg.
So ein jeder versteht:
Deshalb bleibt das Pech mir hold.

Vom Tagtraum erwacht,
so stehe ich vorm Aus.
Als einziger der Tod noch lacht,
begeistert klatscht er Applaus.

Dunkler Schein

Dunkelheit umgib mich!
Nimm mir meine Seele,
töte mein Herz!

Viel ertrug ich,
sieh, wie ich mich quäle!
Nimm mir den Schmerz!

Ins Reich der Schatten lass mich gehen,
weg vom falschen Licht,
geworfen vom Heiligenschein!

Im Dunkel kann ich sehen,
doch im Hellen nicht.
Will nicht länger hier sein.

Sich im Glauben bewegen,
doch scheint alles fern.
Sieh, wie sich die Zeichen legen.

Sind sie dafür oder dagegen?
Blender des Herrn.
Dafür oder dagegen?

Asche des Lebens

Flügel gebrochen, verlacht und verbrannt,
lag am Boden, sie traten drauf.
Im Sterben er sich doch selbst erkannt
und stieg, wie der Phönix aus der Asche auf.

Verlacht nun die, die ihn verkannten,
ihn quälten und verlachten.
Den Phönix, den sie verbrannten,
sie sich selbst zum Alptraum machten.

Im Sonnenstrahl neugeboren.
Freudig über diesen Götterfunken,
hat er jede Furcht verloren.
Im Glanz des Lichtes ist er versunken.

Unverwundbar, wer kann dies verstehen?
Seine Feinde , machtlos und verloren.
Wird zu seiner Liebsten gehen,
denn der Todgeweihte, er ist neugeboren.

Existenzfragen

Existenzielle Fragen ohne Antwort:

Leben oder sterben?
Glück begreifen oder es verderben?
Verlieren oder siegen?
Hassen oder lieben?
Zu viel denken oder weiter machen?
Durch Worte weinen oder sie verlachen?

Ein Teil von mir wird sterben um zu leben,
das Glück des Todes begreifen um es zu verderben,
im Todeskampf verlieren um im Leben zu siegen,
den Hass hassen um die Liebste zu lieben,
das Denken beenden und weiter machen,
denn bedacht ist alles zu Genüge.
Tränenschwere Worte verlachen sich selbst.

Unvermeidbar

Aufbruch, Neubeginn,
Unausweichlich..
Was ich war, nicht was ich bin,
Ist unwichtig und vergänglich.

Vergangene Tränen,
Vergangenes Glück,
Vergangenes Sehen,
doch kein Blick zurück.

Manch verstörter Gedank':
Schatten der Vergangenheit
Setze alte Brücken in Brand:
Zum Neubeginn bereit!

Licht in tiefer Dunkelheit:
Mein verehrtes Lieb.
Schön war unsre Zeit,
Doch die Zeit ist ein Dieb.

Die Stiefel sind geschnürt,
Meines Lebens Grenzen geweitet.
Von sich selbst geführt:
Seht, wie er den Weg beschreitet.

Phönix

Diese Welt, sie ist die meine,
Ich lass sie mir von euch nicht nehmen.
Zwar war ich einmal der deine,
Doch als dieser konnt' ich nicht bestehen.

Da ist sie und heißt mich willkommen,
Es öffnet sich mir die neue Welt.
Das alte Ich ward hingenommen,
Das Neue ist, was mir gefällt.

So schreite ich ins neue Leben,
Zur alten Chance der neuen Welt.
Siehe, was sie mir kann geben,
Wenn die alte hinter mir zerfällt

Brücken brennen langsam nieder,
In Flammen die ich erst gesät.
Alte Schatten, ihr versucht es wieder,
Doch ihr im Flammenmeer vergeht.

Vom Phönix selbst wird er besiegelt,
Dieser glanzvoll' Götterfunken
Und dieser sich in Augen spiegelt,
In die ich einst so gern versunken.

Kapitel 1

Wenn es wieder fließt

Fassade

Alle sind glücklich,
Alles ist so schön.
Doch ist es das wirklich
Oder woll'n wir's nur sehn?

Schwarze Tränen
Hinter strahlendem Lachen
Verbergen tiefes Sehnen
Alles anders zu machen.

Die Fassade ist hell.
Ja, sie ist auch so schön
Doch strahlt sie so grell
Und ich kann nichts mehr sehn.

Sie ist das große Zeichen
Der ach so grauen Masse
Und sie stellt die Weichen,
Die ich so sehr hasse.

Alles ist verstellt,
Nichts ist mehr wahr.
Das ist die Welt
In der ich mal war.

Vom Zwielicht der Träume

Es ist des nächtens stiller Ruf
Es ist des nächtens stummer Schrei.
Es quält mich dies schweigsam Fluch
und einzig in Träumen bin ich frei.

Lang vergessen...
Nie verloren...

Im freien beginnt's Gedankensterben
Der stumme Schreit scheint so laut.
Die Freiheit stirbt in tausend Scherben
Wenn das "Ich" ins Inn're schaut.

Längst vergangen…
Stetig neu...

Es ist des Fluches stiller Ruf
Es ist des Fluches stummer Schrei!
Und erweckt das alte Gesuch...
Der Gedanke bricht sich schmerzlich frei!

Ist es vergangen?
Ist es vergessen?
Hat er mich nicht lieb genug?

Eine Offenbarung?

Was bedeutet "leben"?
Reicht es nur da zu sein?
Muss man nach etwas streben,
Nach der Großen ruhmreich Wein?

Sind es Menschen um mich herum?
Bilde ich sie mir nur ein?
So viele Fragen sterben stumm
Nicht auf alles passt ein Reim.

Mir scheint's nichts ist wahr,
Es ist nichts passiert
Ihr seid nicht wirklich da
Alles Lüge, die das "Nichts" verziert

Die Welt um mich scheint verschwommen
In mir blüht ein neuer Verdacht
Habe ich es falsch angenommen?
Ist mein "Ich" selbst bloß erdacht?

Was bleibt ist nur der Schritt
In dunkler Zeiten tiefer Täler
Im Rot ertrinkt der letzte Schnitt
Und Dunkelheit erstrahlt im Schattenfunkeln

Das Zwiespalt-Kind

Kannst du es nicht verstehen,
Hörst du es nicht rufen?
Kannst du es nicht sehen,
Wie es dort liegt, zwischen all den Stufen?

Im Licht gefangen vergeht das Kind,
Im tröstend Kalt der Dunkelheit.
Wenn in alten Narben neues Blut gerinnt,
Ist es bald aus, es ist soweit.

Das Licht die zarte Haut verbrennt.
Das Licht, dass aus den Augen kam,
Wenn das Kind nur Schmerzen kennt,
Scheint das Feuer nur noch warm.

Es zerfließt im Leuchten tiefsten Schwarzes
Und verliert Bezug zu allen Welten,
Glaubt Lüge als sei's Wahres,
Als alle Leben im Traum zerschellten.

Zwischen Stufen meines Werdens
Liegt das arme Kind vergehend,
Doch erst im Augenblick des Sterbens
Bin ich letztlich sehend.

Licht und Dunkelheit

Das Licht verliert in Dunkelheit
Den Tod auf seiner Beutejagt
Den Lebensmut erweckt die Maid
Wenn Liebe sich ins Leben wagt.

Sprung

Was treibt mich noch?
Was hält mich hier?
Es wächst das Loch
Es schlug mal tief in mir

Hämmernd dröhnt das Verlangen,
Dass dies alles endet
Dennoch bin ich gefangen
So viele Stunden sind verschwendet

Schmerzend graben sie sich raus
Brennen preist ihr Kommen an
Ich würg sie hoch und spuck sie aus
Sie treiben mich zum steilen Hang.

Worte, die töten,
Worte, die schrei'n
Qualen in Nöten,
Die nichts mehr verzeih'n.

Das Karussell dreht sich schneller
Gedanken erfreuen sich am Schwung
Unterm Hang scheint das Licht noch heller.
Sie zwingen mich zum letzten Sprung

Gedankenplage

Gedanken überschlagen sich
Sind furchtbar, unerträglich
Gedanken des Schmerzes und der Pein
Fanden in meinem Kopf ihr Heim

Schwarz scheint die Welt überall
Gedanken drohen mit Verfall
Verfall der Fassade und Lebenskraft
Verfall, der mich zu Grunde rafft

Das Sterben der Gedanken
Das Brechen all meiner Schranken
Danach sehne ich so sehr
Doch setzt die Schwärze sich zur wehr

Gedanken hageln auf mich nieder
Jeden Tag wieder und wieder
Wunden bluten am ganzen Leib
Durch des Lebens Dornenzweig

Es schweigt niemals auch nur ein Gedanke
Ganz gleich, wie ich durchs Leben schwanke
Des nächtens schlimmer als am Tage
Quält mich dies Gedankenplage

Unerreichbar

Und wieder ist er der Sache dienlich,
Der schönste Traum in neu'm Gewand.
Sehnen nach unerreichbar'm,
Der Wille hält dem Drang nicht Stand.

Der Traum erneut in neuem Kleid,
Der Sinn doch der selbe ist:
Im Schein zu sein zu zweit,
Weil du der Traum bist.

Doch ist es nun real
Oder doch nur Phantasie?
Bleibt das Ende nun fatal,
Erfolg hab ich dennoch nie.

Nach Fernem sehne ich,
Dem Herzen fern und unerreicht.
Des Traumes Bild zeichnet dich,
Denn das alte ist verbleicht.

Doch die Hoffnung mich meidet.
Ob dein Herze was gespürt?
Ob es daran wohl leidet,
Dass mein Herz so viel fühlt?

Des Herzens Pfad

Wer mich trieb
Den Kuss zu stehlen
Der Seelendieb
Ließ Rache fehlen.

Dies Maid vor mir
Den Kusse stahl
Im Sog zu ihr
Im Licht, so fahl.

Illusion zerstört
Von Kilometern.
Zu viel gehört
Der Alten Zetern.

Glück genossen
In schönem Mär.
Im Licht zerflossen
Das Tränenmeer.

Der Zukunft Glück
Und all ihr Schmerz.
Stück für Stück
Bis in ihr Herz.

Im Fernen zu Sehnen

Gedanken sich drehen,
Sprechen von ihr,
Vom Sehnen zu sehen
Ihres Antlitz Zier

Von Ferne zu warten
Bis Chaos sich lichtet
Zum Moment, dem zarten,
Der Ferne vernichtet.

Verachtet von vielen
werden Bande nicht reißen
In Herzens Spielen,
Die Liebe nur heißen.

Gedanken nur bleiben
An unsere Stunden
An Wunden, die heilen
Und drehen unsrer Runden.

Warten in Liebe,
In Geduld ohne Zeit.
Fernab der Triebe,
Im Herzen zu zweit.

Klingen, Feuer und Wein

Und wieder ist es geschehen:
Das Herzelein in Scherben verlacht.
Entrissen in tiefstem Sehnen,
Zerbröckelt erträumte Pracht.

Der Auflehnung zu feige.
Des Kämpfens zu schwach.
Verschreckten Dornenzweige?
So stachen sie mich wach.

Rückzug so kurz vorm Sieg.
Trieb Nähe zur Flucht?
Dass ich sie geliebt
War mehr als nur Sucht.

Das Ende aus dem Himmel fiel,
Der vorher so schön gelacht.
Verlor ich doch der Klingen Spiel
Verlangen nur den Brand entfacht.

Unter Asche brach liegt das Herze mein.
Ihres leer, scheint Feind mir zu sein.
Speiste mich mit gift'gem Wein.
So fall ich tief in dunklem Schein.

2..1..

Und erneut ist es der Hass,
Der sich durch das Dunkel frisst.
Am Tage scheint ihr nur zu blass
Wenn ihr um die Gründe wisst.

Wenn das Blut aus letzten Wunden fließt
Und das Licht letztlich verstarb.
Belanglos, wie der Tropfen hieß,
Bedeutsam, was er zu tun vermag.

Als das Faße dann überlief
In Vereinigung von 1 und 2
Plante ich schnell, recht produktiv
Die Klinge stets mit dabei.

Der Tag wird kommen,
Der letzte seiner Art.
Alles wird genommen,
Wirkt es letztlich auch zu hart.

Der Regen fällt,
Vermischt sich mit Blut.
Nichts, was noch hält
Und endlich geht's mir gut.

Diese eine Nacht

Und diese eine Nacht wird kommen.
Sie werden sie erkennen.
Es wird die letzte ihrer Art.
Und ihr Rufen werde ich hören,
Das an Bedeutung lang verloren
Zwischen allem Flüstern, allem Schreien.
Es ist die letzte Nacht
Im Mondenstrahl bereits geboren.
Keine Stimmen und kein Lachen.
Das Morgen fehlt.

Die Schwärze

Schnitt um Schnitt schwindet Gefühl
In schwarzer Tränen Meer versunken
Ehemals war sie das Ziel
Am schweren Stein dann doch ertrunken

Das Blut zu Tage tragen
Das Leben noch zu spüren
Nur einen Schnitt nur wagen
Der rote Fluss wird führen

Lang vermisst und fern gehalten
Geb ich mich nun der Schwärze hin
Das Fleisch in zwei zu spalten
Ist des Schwertes einzig Sinn

Der Liebe entsagt schreite ich voran
Alle Hoffnung zurück gelassen
Das Herzelein, das Lieder sang
Vermag einzig nur zu hassen.

Vernichten werde ich die Welt
Auf das man es nie vergisst.
Wenn denn dann der Vorhang fällt,
Wird klar, dass es nur die eigne ist.

Melodie der Schatten

Die Augen schließen,
Chaos beginnt zu toben;
Dass sie mich verließen
Mich achtlos wegschoben.

Um Gesichter der Lieben,
Die Gedanken stets kreisen;
Den Dolch ins Herze schieben,
Den Hohn der Sucht nur zu speisen.

Des Verstandes Schatten
Mich längst schon umringt.
Was wir einst mal hatten;
Der letzte Rest versinkt

Die Melodie aus Mündern so fremd
Verklingt im Wind der Zeit.
Eitelkeit den Weg getrennt
Waren wir doch schon so weit

Zurück bleibt Schwärze
Nicht mehr zu lichten.
Fassade und Scherze
Verhüllen das Vernichten

Erkenntnis

Die Liebe ist nichts
Nichts anderes als das Leben.
Allem Streben zum Trotz
Ist es dennoch nur Spiel

Spiel und Schau
Im Spiegel der Eitelkeit,
Deren einzig Sinn
Der Fassade Nährung ist.

Der Existenz Fortbestehen,
Begründet mit Illusionen
Erdachter Konstrukte
Das eigen Nichts zu rechtfertigen.

Der Sieg ist nur eine Lüge,
Nur Weben der Gesellschaft
Seelenloser Massen,
Deren Niederlage droht.

Wie uns allen anderen auch.
Nicht das Ob ist es.
Das Wann besiegelt den Verlust,
Des beendeten Spiels.